Este libro le pertenece a:

..................................................................

Copyright © BPA Publishing Ltd 2020

Autora: Pip Reid

Ilustrador: Thomas Barnett

Director creativo: Curtis Reid

**www.biblepathwayadventures.com**

Gracias por apoyar a Bible Pathway Adventures®. Nuestra serie de aventuras ayuda a los padres a enseñarles a sus hijos sobre la Biblia de una forma divertida y creativa. Diseñada para toda la familia, la misión de Bible Pathway Adventures es reintroducir el discipulado en los hogares de todo el mundo. ¡La búsqueda de la verdad es más divertida que la tradición!

Los derechos morales de la autora y el ilustrador han sido declarados. Este libro está protegido por copyright.

ISBN: 978-1-989961-09-4

# El Éxodo

Camino a la libertad

*"Te abriste camino a través del mar, tu sendero cruzó las inmensas aguas;
mas nadie pudo ver tus huellas". (Salmos 77:19)*

Los hebreos fueron esclavos de Egipto durante muchos años, hasta que Dios utilizó a un hombre llamado Moisés para liberarlos del faraón, el rey de Egipto. Moisés guio a los hebreos fuera de Egipto, atravesando los hostiles valles del desierto hasta llegar al mar Rojo. El sol del desierto era abrasador, pero Dios lo tenía todo planeado.

Durante el día, Dios avanzaba en una columna de nubes que mantenía frescos a los hebreos. Durante la noche, cuando el desierto se volvía frío y oscuro, Dios enviaba una columna de fuego que iluminaba el cielo como si hubiera fuegos artificiales y que mantenía calientes a los hebreos. Las columnas de nubes y de fuego les mostraban a los hebreos el camino que Dios quería que tomaran.

El faraón estaba furioso porque los hebreos se habían marchado. Reunió todos sus caballos, carrozas y soldados y se apresuraron por el desierto para alcanzar a los hebreos.

¿Sabías que?

Muchas personas creen que hay formas diferentes de pronunciar el nombre de Dios. Estas incluyen, por ejemplo, Yah, Yahweh y Yahuah.

Cuando los judíos llegaron al mar Rojo, Dios le dijo a Moisés: "Dile a tu gente que acampe aquí. He endurecido el corazón del faraón, así que su ejército vendrá por vosotros. Pero yo me encargaré de sus soldados".

Muy pronto, el ejército egipcio apareció en la lejanía. Los hebreos fueron presas del terror. Dijeron a Moisés: "¿Por qué nos has traído al desierto para morir?". Atrapados entre las aguas del mar Rojo y el ejército egipcio, los fugitivos se lamentaban. "¿No te dijimos que nos permitieras quedarnos en Egipto? ¡Estábamos mejor siendo esclavos!".

"No temáis", dijo Moisés. "Dios nos salvará del faraón. Nunca más volveréis a ver a los egipcios, así que calmaos y guardad silencio". Mientras Moisés hablaba, una nube apareció entre el ejército egipcio y los hebreos atrapados. Todo se volvió oscuro como la noche para los egipcios, pero para los hebreos seguía habiendo claridad como durante el día. ¡El faraón y sus soldados no podían ver absolutamente nada!

Dios le dio más instrucciones a Moisés: "Extiende tu bastón y el mar se dividirá en dos partes. Dile a la gente que camine a lo largo del sendero que abriré a través de las aguas. Llegarán al otro lado sanos y salvos, pero los egipcios no lograrán pasar".

Moisés escuchó a Dios y alzó el bastón sobre el mar. Esa noche, un fuerte viento sopló hasta que el mar se separó. Dos grandes paredes de agua se levantaron hasta donde alcanzaba la vista. Los hebreos contemplaron las paredes de agua frente a ellos. ¡Eran más altas que la más alta de las pirámides! No podían creer lo que veían. Dios había abierto un sendero a través del mar para que ellos pasaran.

"Tomad vuestros animales y seguid el sendero", dijo Moisés a los atemorizados hebreos. Estos no perdieron tiempo. Rápidamente, juntaron sus animales y se apresuraron a través de la playa hacia el sendero.

### ¿Sabías que?

En el fondo del golfo de Áqaba se han encontrado ruedas de carrozas y otros artefactos egipcios antiguos. Esta evidencia apoya el relato bíblico del cruce del mar Rojo.

Muros de agua se elevaban como montañas sobre los hebreos. El viento soplaba y el mar rugía. Sus corazones palpitaban desbocados mientras corrían tan rápido como podían a lo largo del sendero, a través del agua.

Cuando el faraón vio lo que estaba sucediendo, envió a sus soldados tras los hebreos. Pero Dios estaba vigilante y desató el pánico entre las fuerzas egipcias. Los caballos estaban aterrados, los soldados se atascaron en la arena y las ruedas de las carrozas se rompían en el lodo. ¡Las cosas no marchaban bien para los egipcios!

"Su Dios está luchando por ellos", se gritaban los egipcios entre sí. "¡Vámonos de aquí!". Pero era demasiado tarde. Cuando Moisés y los hebreos finalmente alcanzaron el otro lado, Dios dijo: "Moisés, extiende tu mano sobre el mar y el agua cubrirá a los egipcios".

Moisés hizo lo que Dios le había dicho, y las enormes paredes de agua se derrumbaron sobre los soldados egipcios y sus carrozas. El ejército del faraón quedó destruido por completo.